Ln 14211.

ÉLOGE FUNÈBRE

DE

MGR JEAN-MARIE MIOLAND

ARCHEVÊQUE DE TOULOUSE ET DE NARBONNE

Prononcé le jour de ses obsèques, dans l'église métropolitaine de St-Étienne
le 20 juillet 1859

PAR S. E. Mgr LE CARDINAL DONNET

ARCHEVÊQUE DE BORDEAUX.

Se vend au profit de l'église de Notre-Dame d'Arcachon.

BORDEAUX

CHEZ G. GOUNOUILHOU, IMPRIMEUR DE L'ARCHEVÊCHÉ
place Puy-Paulin, 1

1859

ÉLOGE FUNÈBRE

DE Mᴳᴿ JEAN-MARIE MIOLAND.

> *Erat vir simplex et rectus,*
> *timens Deum, ac recedens à malo.*
>
> Il était simple et plein de droiture,
> craignant le Seigneur et évitant le
> mal.   (*Job*, I.)

MESSEIGNEURS ([1]),

On comprendra aisément l'émotion dont mon cœur est saisi dans un si douloureux moment.

J'arrivais ce matin à Toulouse d'un pèlerinage au berceau du saint Archevêque, placé si près du mien ; je m'attendais à le trouver plein de force et de vie ; il devait m'accompagner demain à Bordeaux pour y partager quelques-uns de mes travaux apostoliques ; et ce trône vide, ces insignes voilés, ces chants funèbres, la consternation peinte sur les visages, tout m'annonce, Nos Très-Chers Frères, que je n'étais attendu que pour présider à des funérailles. Ainsi la

---

([1]) Mgrs de Jerphanion, archevêque d'Alby ; Doney, évêque de Montauban ; l'abbé mitré de La Trappe de Notre-Dame-du-Désert.

mort frappe indistinctement; elle a été sourde aux prières que vous avez fait monter vers le ciel pendant les heures d'une si courte et si cruelle agonie. Votre Pontife, votre Modèle, votre Père n'est plus! Mais qu'ai-je dit? ne se survit-il pas dans la plus noble portion de son être? Il vous aima, il vous aime encore; il pria beaucoup pendant sa vie, il prie et priera toujours pour votre ville, pour son bien-aimé Diocèse.

On a insisté pour que je rendisse un hommage à sa mémoire et que je fusse l'organe de la commune tristesse. Je parlerai, N. T.-C. F., mais simplement, avec effusion et comme si j'étais au sein de ma propre famille, en attendant qu'une voix, non pas plus autorisée, mais mieux préparée que la mienne, vienne rappeler éloquemment la vie et les œuvres du bien-aimé Pontife que nous pleurons.

Prenant sur ce cénotaphe, du haut duquel je vous parle, le bâton pastoral tombé de ses mains; appuyé sur le cercueil qui renferme ses restes vénérés, je ne m'inspirerai que de mon cœur. C'est vous dire, N. T.-C. F., que vous ne trouverez rien d'étudié, rien que de simple dans mon langage. Je n'ai pas d'ailleurs à vous rappeler des événements extraordinaires, des actions d'éclat : la vie que je vais esquisser fut une vie modeste, une vie toute sacerdotale, tout apostolique; elle se résume dans les paroles qui m'ont servi de texte : il fut *simple et droit, craignant Dieu, fuyant le mal!* Permettez que je recueille un instant mes souvenirs de compatriote, de disciple, de collègue et d'ami, et j'aurai payé le seul tribut que vous puissiez attendre de moi, à la mémoire de Mgr illustrissime et révérendissime Jean-Marie Mioland, archevêque de Toulouse et de Narbonne.

Mgr Mioland naquit à Lyon en 1788, d'une famille environnée de cette estime qui se transmet comme la plus belle part d'un héritage. Il fut élevé avec un frère à peu près de son âge, par une mère pleine de tendresse, de tact et de jugement; capable, pour le bonheur de ses enfants, de suppléer à la fermeté et à la direction du digne père qu'une mort prématurée venait de leur ravir.

Des études consciencieuses et rapides, une jeunesse exempte des écarts que le monde excuse trop facilement, tant les naufrages sont fréquents à cet âge des tempêtes, rendirent les deux frères l'objet de l'attention générale. Une grande justesse d'esprit, une application soutenue au travail, une aptitude rare pour les affaires, une touchante assiduité auprès de leur mère, et jusqu'aux avantages physiques, tout leur promettait de grands succès dans le monde.

L'engouement encore général pour les principes antichrétiens de l'époque tendaient à leur inexpérience, à leur isolement au milieu d'une grande cité, des piéges, hélas! trop propres à les séduire.

Ils eurent le bonheur d'échapper à la contagion, et disons vite que le pays, fatigué des œuvres de la haine et de l'impiété, s'était décidé à regarder le ciel. Les Français se prirent à regretter la douce majesté des fêtes catholiques; ils n'avaient rien trouvé dans les pompes d'un culte inventé par la folie, qui pût adoucir les maux qu'ils avaient soufferts.

Lyon avait ouvert les portes de sa vieille basilique à un prince de l'Église, allié au jeune guerrier dont la victoire, plus rapide que la foudre, avait déjà porté le nom aux extrémités de la terre. Anneau précieux de la chaîne miraculeuse qui, depuis dix-huit siècles, fait remonter la primatiale des Gaules aux disciples mêmes du Disciple bien-aimé, le cardinal Fesch brûle de relever les autels abattus et d'en réunir les débris dispersés.

Le voyez-vous, dès les premiers pas de sa nouvelle carrière, cherchant les moyens de remplir les vides du sanctuaire. L'ancien clergé avait été décimé par le glaive, ou se trouvait encore sur la terre de l'exil; les ordres religieux avaient disparu dans la tourmente. L'Archevêque de Lyon fait un appel à la jeunesse de son diocèse. M. Mioland accourt un des premiers; et pendant que son frère va édifier la Trappe de la Valsainte par le spectacle de sa vie et de sa mort, il entre dans un séminaire, où il a pour premier maître l'illustre conférencier de Saint-Sulpice.

Il était digne d'un cœur généreux de monter sur le vaisseau agité de l'Église, au moment où pouvaient naître de nouveaux orages et des flots s'élever plus menaçants.

Vous ne vous étonnerez pas, N. T.-C. F., de nous voir passer rapidement sur les premières années de votre Pontife; les limites que nous avons dû nous prescrire dans cette improvisation, nous pressent d'arriver au jour qui fit de lui le modèle des prêtres. C'était en 1812. Il célébra sa première messe au sein de l'établissement où il venait de terminer ses études théologiques, à l'autel où il avait entendu la voix du Seigneur, entouré des maîtres dont il devenait le collègue ; car il prit à l'instant même une place à côté des hommes pieux et érudits qui remplacèrent les Sulpiciens, dont ils avaient tous été les disciples. Cette aimable simplicité, cette parfaite droiture qui ont éclaté partout, comme le fond de son caractère, lui gagnèrent le cœur des nombreux lévites, 280 théologiens, qui eurent le bonheur de vivre sous sa direction, et dont il s'appliqua avec soin à devenir le modèle, *forma facti gregis ex animo*.

Il y a dans la vie des hommes des choses mystérieuses que ne soupçonne pas la sagesse du monde, et dont se réjouit la piété chrétienne.

Celle-ci, avec ses grâces et ses lumières surnaturelles, ne les aperçoit même d'ordinaire qu'à mesure que le temps déroule les diverses phases de notre existence. M. Mioland, par la régularité de ses habitudes, la nature de ses talents oratoires, par ses goûts, par tout l'ensemble de son caractère, ne semblait pas fait pour la vie si active des missions ; aussi fut-il le premier à s'étonner de sa nomination de supérieur de la maison fondée par le cardinal Fesch dans l'ancienne Chartreuse de Lyon. C'est en 1816 qu'il y fut installé par M. Bochard, vicaire général, que l'on doit regarder comme le véritable fondateur d'un établissement qui a rendu tant de services à l'Église. Ce n'est point le hasard, formule inventée par l'orgueil et la folie, qui réunit sous un même toit MM. Bochard, de Lacroix d'Azolette et Mioland, mais une Providence attentive aux besoins d'une grande Église (le diocèse de Lyon renfermait alors trois départements), une Providence qui sait *disposer toutes choses avec force et douceur* pour l'accomplissement de ses desseins.

Ainsi, dans le choix des premiers chefs de la maison des hautes études et des missionnaires des Chartreux, le regard de la foi admire les voies cachées par lesquelles le Seigneur prépare à l'Église des hommes apostoliques, des précepteurs de la jeunesse, que la simplicité, la droiture, la modération, l'absence de tout système, de tout parti pris, de toute jalousie, garantiront de bien des périls qu'on peut rencontrer jusque dans les plus saintes carrières. Est-ce à dire que la nécessité de fortes études littéraires, oratoires, théologiques, n'eût pas été assez comprise dans cette nouvelle école? Non certes, car M. Mioland, avec cet amour immense de l'Église et ce sens droit dont le Seigneur l'avait si éminemment pourvu, n'ignorait pas que le savoir devait plus que jamais entourer le sacerdoce de son auréole; que les lèvres du prêtre devaient garder la science, *labia sacerdotis custodient scientiam*, et qu'à la place du clergé régulier qui, en France comme ailleurs, avait si puissamment contribué à sauver du naufrage les élus de Dieu pendant la tourmente révolutionnaire, on devait préparer un clergé séculier n'ayant avec nos anciens ordres religieux, s'ils pouvaient un jour ressusciter de leurs cendres, d'autre rivalité que celle de la science, du zèle et de la vertu.

D'éclatants succès ne pouvaient manquer de couronner des travaux entrepris dans un si noble but, et poursuivis avec tant de piété et de persévérance.

On vit donc fleurir, sous la direction de sages et habiles maîtres, les petits séminaires d'Alix, de Largentière, de Saint-Jodard, de Montbrison, de Verrières et de Meximieux, ainsi que les colléges de Saint-Alban et des Chartreux. Des missions furent données dans les villes et les campagnes du Lyonnais, du Beaujolais, du Forey, de la Bresse et du Bugey.

Peut-être, N.-T. C. F., devrions-nous profiter de cette circonstance pour dire un mot du bien opéré par les missions, et pour réfuter quelques-uns des reproches qu'on a voulu leur adresser. Pour peu qu'on réfléchisse, il est aisé de reconnaître que rien n'est plus utile, plus sacré, qu'un pareil ministère, et que c'est bien de lui qu'on peut dire, comme des œuvres du Seigneur, *qu'il se justifie par lui-même*. Poursuivre les missions de sa haine ou de ses préjugés, c'est combattre la religion dans son principe, puisqu'elle n'est au fond qu'une grande mission, une mission perpétuelle. Les fastes de l'Église n'offrent rien de plus grand que le récit de ces conquêtes apostoliques, et elles remplissent encore les plus belles pages de son histoire. Elles fleuriront d'âge en âge pour le triomphe de la vérité; et soit que s'étendant aux climats les plus reculés, elles volent au secours des infidèles, pour leur *annoncer la paix et le bonheur sur les montagnes,* soit que se renfermant dans l'intérieur de notre France, elles se vouent au salut de notre pays, nous ne verrons dans ce beau ministère que la continuation de celui du Sauveur, qui parcourait les villes et les campagnes, prêchant l'Évangile et guérissant toute langueur et toute infirmité. *Et circuibat Jesus omnes civitates et castella, prædicans Evangelium et curans omnem languorem et infirmitatem.*

Avant de suivre M. l'abbé Mioland dans cette nouvelle carrière, nous croyons utile de faire remarquer qu'après l'orage des jours mauvais qui avaient interrompu les exercices du culte, dispersé et frappé les pontifes et les prêtres, toutes nos paroisses étaient demeurées sans pasteurs ou avaient été livrées à des mercenaires. Des générations s'étaient élevées sans entendre parler de religion ni de morale. Le personnel du clergé, à l'ouverture des temples, se trouva insuffisant pour distribuer régulièrement la parole évangélique à toutes ces populations qui en avaient été privées si longtemps. La pensée de suppléer à cette insuffisance, en formant pour chaque diocèse un corps d'hommes apostoliques, prudents, zélés, infatigables, habitués à se mettre à la portée de toutes les intelligences, et à l'art plus difficile de diriger les consciences, était une institution de première nécessité. Même aux yeux de la seule raison, ce n'était pas une entreprise dénuée de sagesse et d'à-propos, que celle d'organiser pour nos cités et nos campagnes un vaste système d'enseignement oral par la chaire et le tribunal sacré, qui relèverait vers le ciel des fronts trop courbés vers la terre, et réveillerait les pensées d'une vie future dans des âmes livrées aux préoccupations des intérêts matériels et aux besoins de la vie présente.

Qu'il soit arrivé que les vues sages qui présidèrent à l'organisation des missions aient été parfois l'occasion de quelques abus ; que de jeunes hommes un peu ardents aient oublié que nous sommes dans un temps où les formes suppléent à beaucoup de choses sans que rien puisse les suppléer ; que l'esprit de parti, que des intérêts moins respectables encore, aient voulu s'en emparer et les exploiter à leur profit, il ne faudrait connaître ni le cœur humain ni l'esprit des révolutions pour s'en étonner. Il est certain que plus d'une fois les missionnaires eurent besoin de toute leur prudence, de toute leur fermeté, pour comprimer l'entraînement d'un zèle égaré et les suggestions des passions politiques qui s'agitaient autour d'eux.

Pour vous donner une juste idée d'une mission dirigée par le supérieur de la maison des Chartreux, je n'ai qu'à rappeler ici quelques-unes des paroles de l'un de ses discours, telles que je crois les entendre encore après un intervalle de quarante ans :

« Une mission, disait-il, ah ! c'est la grâce la plus extraordinaire que Dieu tienne en réserve dans les trésors de sa bonté. Quand il la donne à un peuple, c'est qu'il l'aime tendrement, et il vous la donne, heureux habitants de cette ville !

» O chrétiens qui voulez le ciel, ô enfants de Dieu qui aimez votre Père, pécheurs qui vivez loin de lui, mais dont le cœur honnête et droit soupire après le moment de votre conversion, ouvrez vos âmes à l'espérance et à la joie; le voilà enfin pour vous, le jour du salut, le moment de la délivrance, l'instant heureux où Dieu va descendre pour essuyer les larmes de ceux qui pleurent, soutenir ceux qui chancellent, ressusciter les morts, verser dans tous les cœurs des torrents de grâce et de bénédiction. »

Mais on vous a dit peut-être que les missions sont une cause de trouble, qu'elles divisent les familles, réveillent les haines, et arment les citoyens les uns contre les autres.

» S'il en est ainsi, mes frères, si c'est là l'effet des missions, s'écriait-il, proscrivons-les. Que les évêques, que tous les honnêtes gens, s'arment contre elles d'une juste indignation; car la religion ne veut que charité et vérité; la France n'a besoin que de paix et de concorde.

» Cependant examinons, la justice le demande, et la plus grande partie d'entre vous, n'ayant aucune idée des exercices qui vont avoir lieu dans cette église, a besoin d'être éclairée. Qu'est-ce donc qu'une mission, et quels moyens va-t-elle employer pour porter ainsi le trouble dans les familles? Qu'allons-nous faire? Écoutez, et vous serez instruits.

» Nous allons, pendant plusieurs semaines, paraître dans cette chaire deux, trois fois le jour; et que dirons-nous? Nous dirons à vos enfants : soyez soumis à vos parents, environnez-les de vos soins délicats, Dieu le commande sous peine de vous maudire ; nous dirons aux époux et aux épouses : n'oubliez jamais les serments que vous avez échangés aux pieds des autels ; nous dirons aux serviteurs : prenez les intérêts de vos maîtres comme vos propres intérêts ; ouvriers de toutes les professions, soyez probes, justes, honnêtes : il est impossible d'entrer au ciel avec le bien d'autrui ; nous vous dirons à tous : soyez soumis aux lois, à votre prince, aux magistrats qui le représentent, car toute autorité vient du Souverain Maître ; nous ne cesserons de répéter : aimez-vous comme des frères, soulagez les pauvres comme d'autres vous-même. Et une pareille doctrine va troubler la tranquillité publique ? Certes, je ne puis le comprendre ! »

« O Dieu qui pénétrez jusqu'au fond des consciences, disait en terminant le pieux orateur, si je pouvais un instant emprunter vos regards, que verrais-je au milieu de cet immense auditoire ? Que de cœurs blessés par le péché ! Pauvres malades, consolez-vous, voilà le salut qui va vous être donné ! Captifs, Dieu va briser vos chaînes, il va établir ici un trône de miséricorde et d'amour ; il parlera dans cette chaire pour vous instruire, vous exhorter, vous désabuser ; il parlera dans ces tribunaux sacrés pour vous convertir, vous pardonner ; il parlera dans ces cérémonies par la ferveur des cantiques, l'édification des bons exemples ; et à cette table, sur cet autel, que sa voix sera éloquente ! C'est là qu'il vous donnera le baiser de paix en vous offrant avec l'Eucharistie le gage de votre parfaite réconciliation. Heureux peuple, que de biens vont te venir à la fois! Hâtez-vous, mes frères, accourez tous avec un saint empressement à cette école de vérité, de sagesse et de bonheur! »

Tels étaient les sentiments qu'apportaient M. Mioland dans la direction des missions qui lui étaient confiées, et pendant lesquelles on le vit, dans l'espace de près de vingt ans, déployer un zèle au-dessus de toutes les fatigues et qui lui mérita cet éloge de l'Écriture : *Ecce docuisti multos, manus lassas roborasti, vacillantes confirmaverunt sermones tui.*

Ce fut pendant les longues années d'un ministère aussi varié que le sage et fervent missionnaire acquit cette connaissance pratique des hommes et des choses, cette aptitude aux travaux de l'administration, cette haute et juste idée de la charge pastorale, toutes ces qualités, en un mot, qui le rendront digne de gouverner deux de nos plus illustres Églises, et en feront, malgré sa modestie, le conseiller d'un grand nombre de pontifes.

Vous le voyez, N. T.-C. F., le temps a marché; *l'arbre planté le long des eaux, plein d'une sève abondante, a donné ses premiers fruits dans la saison; le voici maintenant qui fleurit comme le palmier et qui grandit comme le cèdre du Liban.*

Après avoir opposé une vive résistance à sa nomination au siége de Verdun, M. Mioland se vit assailli par les instances de ses nombreux amis, qui s'efforcèrent de lui prouver qu'il ferait plus de bien à la tête d'une grande église que dans sa communauté des

Chartreux. Il fut sacré comme évêque d'Amiens en avril 1839, dans l'église primatiale de Lyon, au milieu d'un grand concours d'ecclésiastiques et de fidèles, qui ne voyaient pas sans de vifs regrets s'éloigner un homme qui avait rendu tant de services à son diocèse natal.

Ce fut un beau jour que celui où le nouvel évêque d'Amiens monta pour la première fois les degrés de l'autel de sa magnifique cathédrale. Entouré d'une foule attentive et religieuse, émue de ce beau spectacle, il offrit la victime qui efface les péchés du monde avec la dignité qui éclatait sur son visage, avec le recueillement et la piété qui l'accompagnaient toujours dans ses augustes fonctions. Heureux peuple, envers qui le Seigneur accomplissait une vieille promesse, *en lui donnant un Pontife selon son cœur pour le gouverner et l'instruire! Dabo vobis pastores juxta cor meum et pascent vos scientiâ et doctrinâ!*

Dès le principe, le succès de son ministère fut assuré. Après une administration aussi sage, aussi révérée que celle de M^{grs} de Bombelle et de Chabon, ses deux illustres prédécesseurs, le nouvel évêque n'a pu rencontrer de ces difficultés, de ces obstacles, de ces luttes qui amènent pour l'ordinaire des situations neuves, des événements imprévus et variés. Mais, à défaut de cet intérêt, en quelque sorte dramatique, qui manque toujours à l'histoire des temps calmes, l'administration de Mgr Mioland en offre un d'un genre plus élevé qui la signale à l'attention des esprits sérieux, des personnes que préoccupent l'état actuel de la société et l'avenir encore inconnu vers lequel elle marche à grands pas.

On a dit que l'ancienne société française avait été faite par les évêques, et on a eu raison. Placés par leur dignité au sommet de la hiérarchie, mêlés en même temps, par leur ministère, aux classes inférieures, ils ont dû, dans les âges où la foi avait une énergie toute primitive, exercer une grande influence et façonner de leurs mains presque tous les éléments de l'ordre social.

Mais l'imposant édifice, ouvrage de ces pieux et infatigables architectes, a eu le sort de toutes les choses humaines : une tourmente, il y a un peu plus d'un demi-siècle, n'en laissa pas pierre sur pierre. Depuis lors, on s'est mis à l'œuvre pour le reconstruire avec les débris anciens, différemment assemblés. Mais parmi les ouvriers de tout genre qui, successivement ou simultanément, ont pris part à ces essais de reconstruction, les seuls qu'on a longtemps oublié ou refusé d'appeler, ce sont précisément ceux qui, si l'on juge de l'avenir par le passé, étaient les plus propres à un pareil travail. N'était-ce pas là le résultat d'un dessein providentiel? Avant que la religion fût appelée à reprendre sa place avec l'autorité qui est nécessaire à son action, il fallait que l'on eût essayé de tout : de la licence et de la tyrannie, de l'anarchie et du pouvoir; de la science orgueilleuse et de l'aveugle enthousiasme, des abstractions de la métaphysique et des calculs de l'économie. Il fallait que le cercle des essais à peu près raisonnable fût parcouru, et que la société, se voyant impuissante, sentît le besoin de Dieu.

Telles furent, en effet, les vues de la Providence. Pour les remplir, elle dut susciter dans l'Église des hommes en qui se seront réunies toutes les qualités qu'exigera la nouvelle mission réservée aux évêques. Je ne sais si je me trompe, mais il me semble trouver, dans les qualités qui ont distingué sur les siéges d'Amiens et de Toulouse le prélat que nous pleurons, des motifs de penser qu'il fut destiné à devenir un de ces types bienfaisants. Saint Bernard écrivant autrefois à un évêque nouvellement élu, lui parlait de ce que l'église et la société attendaient de sa promotion à cette éminente dignité. « Que de maux à guérir, lui » disait-il, que de ruines à réparer! Comme au jour » où l'on releva celles de Jérusalem, il faudra d'une » main réunir les matériaux, et de l'autre repousser » les ennemis acharnés à empêcher l'œuvre de Dieu [1].

N'est-ce pas ainsi que Mgr Mioland s'est montré aux habitants d'Amiens? Après les devoirs de sa propre sanctification, qui ne furent jamais oubliés, n'a-t-il pas vécu tout entier pour ses bien-aimés diocésains? N'a-t-il pas toujours paru pénétré de cette maxime de saint Jean-Chrysostôme, qu'un évêque ne peut être utile au monde qu'autant qu'il vit pour les autres? Le clergé et les fidèles, le riche et le pauvre, l'enfant, le vieillard, et surtout la jeunesse, deviennent tour à tour ou simultanément l'objet de son zèle. Arracher et dé-

[1] *Épit.*, I, ad Ardutionem.

truire, édifier et planter, instruire, reprendre, consoler, soulager, tel a été l'ensemble de ses devoirs, et les œuvres qui remplissent les années de son épiscopat nous disent assez qu'il n'y faillit jamais.

Ses premiers soins dans la carrière de l'apostolat furent pour son clergé ; il ne faut pas s'étonner, N. T. C. F., de la sollicitude privilégiée que les évêques vouent à leurs prêtres. Si le Pontife se doit *tout à tous pour les gagner tous à J.-C.*, la foi et la raison s'accordent à dire qu'il doit à ses collaborateurs un amour de prédilection. Les ecclésiastiques sont les fils aînés de sa grande famille, et pour ainsi parler, les instruments de son zèle. C'est par leur intermédiaire qu'il entre le plus souvent en relation avec les fidèles et que s'exécutent ses desseins pour la gloire de Dieu, l'honneur de la Religion et le salut des âmes. Les séminaires que Mgr Mioland a créés ou renouvelés ; l'extension qu'il a donnée au cercle des études ecclésiastiques ; les soins prodigués aux élèves du sanctuaire, surtout à l'approche des ordinations; les conférences et les retraites ecclésiastiques ; la division du diocèse en doyennés, et la réunion annuelle de tous les doyens sous la présidence de l'évêque ; l'augmentation du nombre des paroisses; des missions données dans toutes les parties du diocèse; la publication de nouveaux statuts, qu'il regardait lui-même comme le résumé de tous ses travaux ; la tenue d'un synode ; enfin, les luttes parfois publiques, plus souvent secrètes, qu'il a soutenues pour l'honneur, l'indépendance et les droits du sacerdoce, et dans lesquelles il fit toujours preuve de modération et de droiture : voilà autant de témoignages éclatants de sa paternelle affection pour le clergé et de sa sollicitude pour tous les membres de sa famille diocésaine.

Nous pouvons rappeler ici l'un des actes touchants de son ministère. Quand il se rendait, en 1842, à la prison de Ham, il ne vint pas dans sa pensée de se demander à lui-même de quel œil le Pouvoir existant verrait sa démarche. Il y avait des consolations à donner, une illustre infortune à soulager, et il sentit ses entrailles émues; il ne soupçonnait pas les grandeurs futures de son nouveau diocésain : c'était alors le secret de Dieu; mais il voyait en lui la majesté d'un grand nom rehaussée par la majesté du malheur; il se souvenait aussi du Pontife [1] qui lui avait imposé les mains et ouvert l'asile qu'il avait longtemps habité; et, n'écoutant que les élans de sa reconnaissance et de sa générosité, il essuyait les larmes d'un captif et fortifiait le jeune Prince que le Ciel préparait par de grandes épreuves à de grandes destinées.

Trois archi-diocèses vont se disputer presque en même temps l'honneur de se placer sous la houlette du sage et pieux évêque d'Amiens. Je n'ai pas de détails assez précis sur ce qui se passa au sujet de l'archevêché de Tours, mais je sais qu'il avait comme accepté, en 1846, celui d'Aix, vacant par la mort du cardinal Bernet. Une circonstance qu'il est inutile de rappeler ici, le porta à demander au Roi qu'il

---

[1] Le cardinal Fesch, oncle de l'Empereur.

voulût bien lui rendre sa parole. C'est un peu plus tard que M. Berger, vicaire général de Toulouse, le décida, après les instances les plus vives, à ne pas refuser le titre de coadjuteur de Mgr d'Astros, avec succession future. La pensée d'adoucir les dernières années du plus vénéré des Pontifes et l'espérance d'échapper à la responsabilité d'une administration qui restait tout entière entre les mains du saint vieillard, furent les motifs qui le déterminèrent à ne pas prolonger sa résistance.

Mgr Mioland fut à Toulouse ce qu'il avait été à Amiens. Il eût désiré rester longtemps dans un état de dépendance conforme à la simplicité, à l'humilité, dont il sut donner partout de si touchants exemples. Dieu en décida autrement, en rappelant à lui le vénérable titulaire presque aussitôt qu'il eut reçu la pourpre romaine, et après ce Concile provincial dont Mgr Mioland présida presque toutes les sessions et où il trouva l'occasion de donner de nouvelles preuves de la rectitude de son jugement, de la variété et de la solidité de ses connaissances.

Dieu lui ménagea, à peu près vers la même époque, la consolation de voir prononcer à Rome la béatification de l'humble bergère de Pibrac. Il n'est personne parmi vous, N. T.-C. F., qui n'ait encore présentes les fêtes magnifiques qui furent alors célébrées dans tout le diocèse. L'enthousiasme du clergé et des fidèles ne put être surpassé que par celui qui éclata dans le monde entier à l'occasion du décret qui proclamait l'Immaculée Conception de la Sainte Vierge.

Ce serait le cas de vous parler ici du nouvel archevêque de Toulouse dans ses rapports avec le Vicaire de J.-C. Mgr Mioland, sans en avoir fait parade, se place au rang des pontifes qui ont regardé l'absolu dévouement à la personne du Saint Père et la fidélité aux doctrines et aux traditions apostoliques comme une gloire et un devoir. Avec quel empressement il partit pour la ville éternelle dès les premières années de son épiscopat à Amiens, et avec quel bonheur il renouvela ce pèlerinage l'année même qui précéda celle de sa mort! De quels sentiments de foi et d'amour il se sentit pénétré quand il contempla les merveilles de la ville sainte, ou qu'il reçut les embrassements de Pie IX. Aussi, avec quelle sollicitude suivait-il le cours des derniers événements qui viennent d'agiter le monde. Il tremblait que, malgré le bon vouloir si souvent manifesté par la France, quelques circonstances imprévues ne vinssent porter atteinte à l'indépendance du Chef de l'Église. C'est sous cette impression qu'il m'écrivait, il y a huit jours à peine, une lettre dont il me serait facile de citer textuellement quelques lignes :

« On ignore trop de nos jours, me disait-il, que les
» grandes voix de l'Église ont demandé dans tous les
» temps la liberté religieuse, l'indépendance du Saint-
» Siége, sans laquelle il ne pouvait accomplir sur la
» terre la mission qu'il avait reçue du ciel. Quelque
» appui que le Souverain Pontife, dépouillé de son
» domaine temporel, pût recevoir des meilleurs prin-
» ces, il serait toujours à craindre que cette protection

» ne fût bientôt plus un secours, mais un joug difficile
» à porter. »

Mgr Mioland est mort avec le doux espoir que les droits spirituels et temporels du Saint-Siége resteraient intacts; la paix que l'Autriche et la France venaient de conclure lui en donnait l'assurance.

Si nous avons cherché à mettre plus particulièrement en relief les qualités administratives du pontife à Amiens, nous vous ferons admirer, dans le nouvel Archevêque de Toulouse, l'infatigable évangélisateur. « *Allez*, dit le Sauveur aux apôtres, *enseignez toutes les nations. Prêchez l'Évangile à toute créature; je vous envoie comme mon Père m'a envoyé. Parlez devant les princes et les peuples, toujours et partout, à temps et à contre-temps, car vous vous devez aux sages et aux simples. Vous travaillerez, s'il le faut, jusqu'à vous faire imposer des chaînes.* » Quel ministère et quelle responsabilité! ministère formidable dans tous les temps, mais particulièrement redoutable à une époque où se rencontrent tant d'esprits dévoyés, tant de cœurs pervertis, tant de doctrines de mensonge et d'iniquité. Mgr Mioland l'accomplit avec un admirable zèle.

J'essaierais vainement, N. T.-C. F., de dérouler à vos regards le tableau complet des travaux du Pontife dans la carrière de l'apostolat; mais je ne puis résister au désir de vous peindre une des mille journées qu'il aimait à consacrer à la visite de vos paroisses.

Voyez-le arriver dans une campagne, de fort loin

peut-être, et toujours à l'heure fixée : il lui tarde de faire entendre à la foule recueillie sa voix de Pasteur et de Père. Son cœur s'épanche en touchantes exhortations ; il invite le peuple à prier, et le peuple prie dans l'attitude du respect et le silence de l'adoration ; et pendant que ces prières unanimes s'élèvent vers Dieu de tous les cœurs, le prélat monte à l'autel, et offre l'auguste sacrifice avec cette pieuse majesté qu'on ne se lassait pas d'admirer, et qui était peut-être la plus éloquente de ses prédications. Après la célébration des divins mystères, il adresse à ses enfants des paroles pleines d'onction, et les prépare à recevoir, avec foi et amour, les grâces de l'Esprit Saint ; et quand cet esprit est descendu à sa voix pour habiter ces vivants tabernacles, le digne Évêque prie encore au pied des autels pour ses bien-aimés enfants. Puis, animé d'un saint zèle pour l'ordre et la beauté de la Maison de Dieu, il a soin de s'assurer, ou par lui-même, ou par le digne coopérateur qui l'accompagne, de l'état de l'église, des autels, des vases sacrés, de la décence du lieu où sont déposés tous les objets du culte. Rien n'échappe à ses regards pénétrants : ni les meubles destinés à l'ornement du temple, ni les registres paroissiaux, ni le presbytère, ni la demeure des morts. Au déclin du jour, nouvelle réunion dans le temple, nouvelle exhortation ; enfin, des adieux touchants à ceux qu'il vient d'évangéliser et d'édifier, terminent la journée de l'apôtre, qui poursuivra pendant de longs mois ce rude ministère, et ne finira qu'après dix ans la visite pastorale de son Diocèse.

Mais nous oublions que le temps s'écoule et s'enfuit avec nos paroles, et pourtant nous avons à peine commencé l'énumération des actes les plus importants de l'illustre défunt. Maintenant, de la vie publique du Pontife, passons à des vertus privées moins connues, couvertes qu'elles étaient du voile de la modestie, et qui, pour avoir moins d'éclat, n'en rendront que plus chère sa mémoire à la postérité.

C'est une vérité reconnue, N. T. C. F., que plus les mœurs se relâchent, plus le monde se fait sévère pour le sacerdoce. En effet, quels sacrifices ne demande-t-on pas à un évêque? Ce n'est pas assez qu'il renonce à ses goûts, à ses intérêts, à ses affections les plus légitimes : on veut qu'il se prête aux temps, aux circonstances, aux révolutions ; qu'il fasse plier, pour ainsi dire, sa houlette de pasteur au souffle inconstant de ce qu'on appelle l'opinion ; qu'il n'irrite jamais les partis ; on veut que dans les concessions qu'il fait au bien public il garde néanmoins son caractère d'homme de Dieu, qui ne cède jamais par faiblesse, qui ne résiste jamais par passion. On n'excuserait pas un oubli, on ne pardonnerait pas une erreur. Accoutumés à se permettre toutes les jouissances et à céder à tous leurs caprices, les hommes du monde ne se demandent pas quelles vertus ils pratiqueraient s'ils étaient à notre place. Ils ne savent pas ce qu'il en coûte, non-seulement pour être un saint, mais pour paraître tel aux yeux d'un public désireux de trouver en nous des imperfections qui justifient les siennes; et l'on peut dire des censeurs des prêtres ce que

Fénelon disait des censeurs des princes : « Tel qui critique les rois ferait les mêmes fautes et des fautes plus considérables encore s'il était à leur place. »

On parle de tolérance ; on répète, sans le définir, un nom qui n'appartient essentiellement qu'au catholicisme : la tolérance, c'est l'amour de nos frères alors même qu'ils sont égarés ; c'est la miséricorde répandue à pleines mains sur leurs fautes, alors même que la vérité et la justice forcent de les condamner ; c'est la séparation franche et sincère que la charité établit entre l'homme et ses actes. Eh bien ! cette tolérance, dont on est convenu de ne jamais user envers le sacerdoce, était si bien établie dans le cœur de l'archevêque de Toulouse, qu'aucun reproche n'a jamais pu lui être adressé.

Cependant, nous devons ici, pour faire mieux connaître le digne pontife, entrer dans quelques détails : on aimera à nous entendre rappeler que la pauvreté et l'enfance occupaient constamment la première place dans ses affections. Le pauvre honteux et le chef d'une nombreuse famille excitaient sa compassion la plus vive ; ils pouvaient, par lettres ou de vive voix, déposer dans son cœur l'aveu de leur détresse, et en secret sa main s'ouvrait pour les soulager. Trop attentif à cacher ses bonnes œuvres, dont il n'attendait point la récompense ici-bas, il a dérobé à son panégyriste la part la plus touchante de son éloge, et pourtant, N. T.-C. F., des soupirs se sont fait entendre pendant le trajet que nous venons de parcourir, des larmes coulaient, et parmi les visages inondés de pleurs de ceux qui se courbaient sous notre bénédiction, nous avons reconnu que c'étaient des yeux des pauvres que les larmes s'échappaient plus abondamment.

On peut dire que de la pauvreté à l'enfance, la transition est facile, tant l'une et l'autre ont besoin de protection. Partout l'homme d'église est accueilli par le sourire de cet âge intéressant, qui dépose près de lui sa timidité naturelle. Il semble que l'invitation sortie d'une bouche divine attire encore les enfants, après tant de siècles, vers ceux qui doivent représenter le Sauveur. Ce trait de ressemblance ne pouvait manquer au bon archevêque. Les enfants avaient pour lui un charme inexprimable; il aimait leur langage naïf, leurs réponses pleines de candeur; il les bénissait avec un ineffable bonheur.

Vous trouvez peut-être, N. T.-C. F., que nous nous arrêtons longtemps sur ces détails; mais n'est-ce pas dans la simplicité de ce tableau que vous verrez plus clairement tout ce qu'il y avait de tendresse et de bonté dans le cœur du saint vieillard? Ah! ce n'est pas vous, mères chrétiennes, qui nous reprocherez de trop nous appesantir sur un pareil sujet; nous sentons trop que nous sommes d'accord avec vos pensées, et que nous n'avons décrit que vos souvenirs et vos regrets.

Ainsi, dans les habitudes les plus simples, comme dans les actes les plus solennels de son ministère, votre pieux archevêque a mérité la vénération dont il reçoit aujourd'hui des marques si éclatantes.

Nous croyons, N. T.-C. F., avoir le droit de le dire : L'homme livré à lui-même ne se soutient pas à la hauteur de la perfection. Quelques inégalités, dans le cours d'une longue existence, échappent à son attention et signalent sa fragilité : on aperçoit des taches sur le disque du soleil. La nature, déchue de sa noble origine, ne remonte vers le bien qu'à l'aide du Tout-Puissant. Aussi, Mgr Mioland avait-il placé sa confiance dans les exercices continuels de sa fervente piété : *Immobilis in Dei timore permansit, agens gratias Deo omnibus diebus vitæ suæ.*

Ce qu'il y a de plus édifiant peut-être dans la suite de tant d'années, et jusque dans les affaiblissements de la vieillesse, c'est la régularité de chaque jour, constamment égale à celle du jour précédent. Tout a été arrêté, réglé, distribué pour la vie entière, m'a-t-il dit souvent, après qu'il fut revêtu de l'épiscopat; et il ne se départit jamais de cet ordre invariable qui lui donnait le temps de suffire à tant de choses. N'apparaissant que par nécessité dans le monde, où il aurait porté des formes si dignes, il ne se délassait des fatigues de son laborieux ministère que par l'étude et la prière.

Hélas! quand je tourne ma pensée vers les lieux que nous habitâmes ensemble, vers les chaires de ces églises où nous rompions de concert le pain de la divine parole, et qu'ensuite je porte mes regards sur le trône vide, sur cette bière qui renferme celui dont il me semble que je vais encore serrer la main, ma douleur égale celle du Prophète des douleurs, et je ne puis plus que répéter ses gémissements :

Dolor meus super dolorem : in me cor meum mœrens.

Rien cependant né faisait pressentir que votre archevêque approchait du moment suprême. A part sa haute taille qui commençait à se courber sous le poids des ans, sa santé était parfaite. La mort l'a saisi quand il était encore plein de force, lorsqu'il pouvait compter sur de longs jours, au moment où il venait d'accomplir un acte de son ministère. — Mais si sa fin a été presque subite, elle n'a pas été imprévue : son âme était prête, et ses lèvres ont pu, avant d'être glacées, exhaler, dans un soupir plein d'espérance et d'amour, ces paroles, qui ont fait la sérénité de sa mort après avoir été la règle de sa vie : *Que la volonté de Dieu soit faite!*

Oui, N. T.-C. F., que la volonté de Dieu soit faite, même dans les grandes amertumes qu'elle nous inflige et dans les larmes qu'elle nous fait verser.

A la nouvelle de cette mort, un seul sentiment occupe toutes les âmes. Dans les familles, dans les églises, on s'interroge avec anxiété; on ne pense qu'au malheur qui menace un diocèse.

Enfin, la voix lugubre de la cloche funéraire, qui retentit dans toutes les parties de la grande cité, annonce que le pasteur est enlevé à son troupeau, le père à ses enfants. Le Palais Archiépiscopal devient une vaste chapelle. Le corps du pontife, revêtu des ornements de sa dignité, reçoit les derniers hommages d'une foule empressée pleurant autour de lui, tandis que le clergé se succède, le cœur plein de soupirs, pour offrir l'auguste sacrifice, pour répandre des larmes et des supplications sur ses restes inanimés.

Votre Archevêque n'est plus! N. T.-C. F.; ni ses vertus, ni votre amour n'ont pu le soustraire à la loi commune. Il n'est plus! Ses cendres seules vous restent; placées dans cette église, à côté de celles des cardinaux de Clermont-Tonnerre et d'Astros, elles seront pour vous un avertissement solennel du néant de toutes choses et une puissante exhortation à profiter de ses exemples.

Il n'est plus! Venez, descendons sous cette sombre voûte pour y recevoir une dernière leçon. Ayons le courage d'entr'ouvrir son cercueil, peut-être y lirons-nous ces paroles que l'on trouve écrites sur le frontispice de la porte de quelques cimetières : *Hodie mihi, cras tibi*. Qui sait si bientôt on ne fermera pas le nôtre? Venez; prosternons-nous devant le Souverain Juge; pleurons sur nos égarements, sur nos jours écoulés, sur les soins coupables ou frivoles qui dévorent une vie qui va nous échapper sans retour.

Venez, Magistrats de cette noble cité; vous dont les fonctions paternelles, si consciencieusement exercées, semblent se confondre avec celles qu'il a si saintement remplies. Vous lui avez donné des preuves bien honorables de la profonde estime et du sincère attachement qui vous unissait à lui. Dites en présence de cette tombe dont la flatterie, la complaisance ne sauraient approcher, si vous n'avez pas, dans tous vos rapports avec le digne et à jamais regrettable ponlife, trouvé le *vir simplex et rectus, timens Deum ac recedens à malo*.

Venez, guerriers, commandés en ce moment par une des grandes et pures gloires d'une armée qui en compte un si grand nombre; vous avez suspendu vos bruyantes évolutions pour partager le deuil universel et le religieux silence d'une population éminemment catholique; vous avez abaissé vos armes devant l'illustre et modeste défunt en signe de respect et de douleur : il vous protégera dans les hasards de votre périlleuse carrière, comme il a prié pour ceux de vos frères d'armes qui, dans les plaines de la Lombardie, ont ajouté de si belles pages à notre histoire.

Venez, membres souffrants de J.-C.; vous dont il a tant de fois essuyé les larmes; vous ne le verrez plus; vous ne lui confierez plus vos chagrins; mais du haut de sa demeure nouvelle, il fera descendre sur vous la rosée du ciel qui adoucira vos maux.

Venez, tendres mères, le remercier des vœux qu'il formait pour le bonheur de vos enfants.

Vous aussi, et c'est par là que nous finissons, ne viendrez-vous pas réclamer une bénédiction, dignes prêtres (¹) qui représentez à cette cérémonie, non-seulement la maison qui fut votre premier cénacle et le mien, mais encore le clergé d'un diocèse où notre illustre défunt a laissé tant d'admirateurs et tant d'amis. O saint vieillard! vous fûtes notre père avant de le devenir

---

(¹) MM. Des George et Ballet, missionnaires de la maison des Chartreux de Lyon.

du clergé Toulousain qui vous avait voué tant de vénération et tant d'amour. Continuez à protéger le ministère de ces trois coopérateurs que vous regardiez comme d'autres vous-mêmes; de ce chapitre si grave, si pieux, si instruit; de tous les prêtres des cités et des campagnes que vous éclairiez de vos conseils, que vous édifiiez par vos exemples. Obtenez du Prince des Pasteurs un autre pontife qui soit votre image : il ne vous fera pas oublier; mais qu'il soit, comme vous, plein de modestie et de droiture; qu'il se fasse *chérir de Dieu et des hommes; vir simplex et rectus... dilectus Deo et hominibus*, et son nom, toujours uni à votre nom, fera croire à vos enfants que vous êtes encore au milieu d'eux. *Amen.*

www.ingramcontent.com/pod-product-compliance
Lightning Source LLC
Chambersburg PA
CBHW060551050426
42451CB00011B/1857